HABITANS DES QUATRE
PARTIES DU MONDE.

ABÉCÉDAIRE GÉOGRAPHIQUE.

Dieu a créé le ciel et la terre.

PARIS,
À LA LIBRAIRIE D'ÉDUCATION,
de PIERRE BLANCHARD, Galerie Montesquieu, N°. 1, au Premier,
AU SAGE FRANKLIN.

ABÉCÉDAIRE
Géographique,

ou

PETITS TABLEAUX

DES MOEURS DES PRINCIPAUX PEUPLES DU MONDE;

Orné de jolies figures.

TROISIÈME ÉDITION.

PARIS,

A LA LIBRAIRIE DE L'ENFANCE ET DE LA JEUNESSE,
CHEZ PIERRE BLANCHARD,
GALERIE MONTESQUIEU, N° I, AU PREMIER.

1825

A	B
C	D
E	F

a	b
c	d
e	f

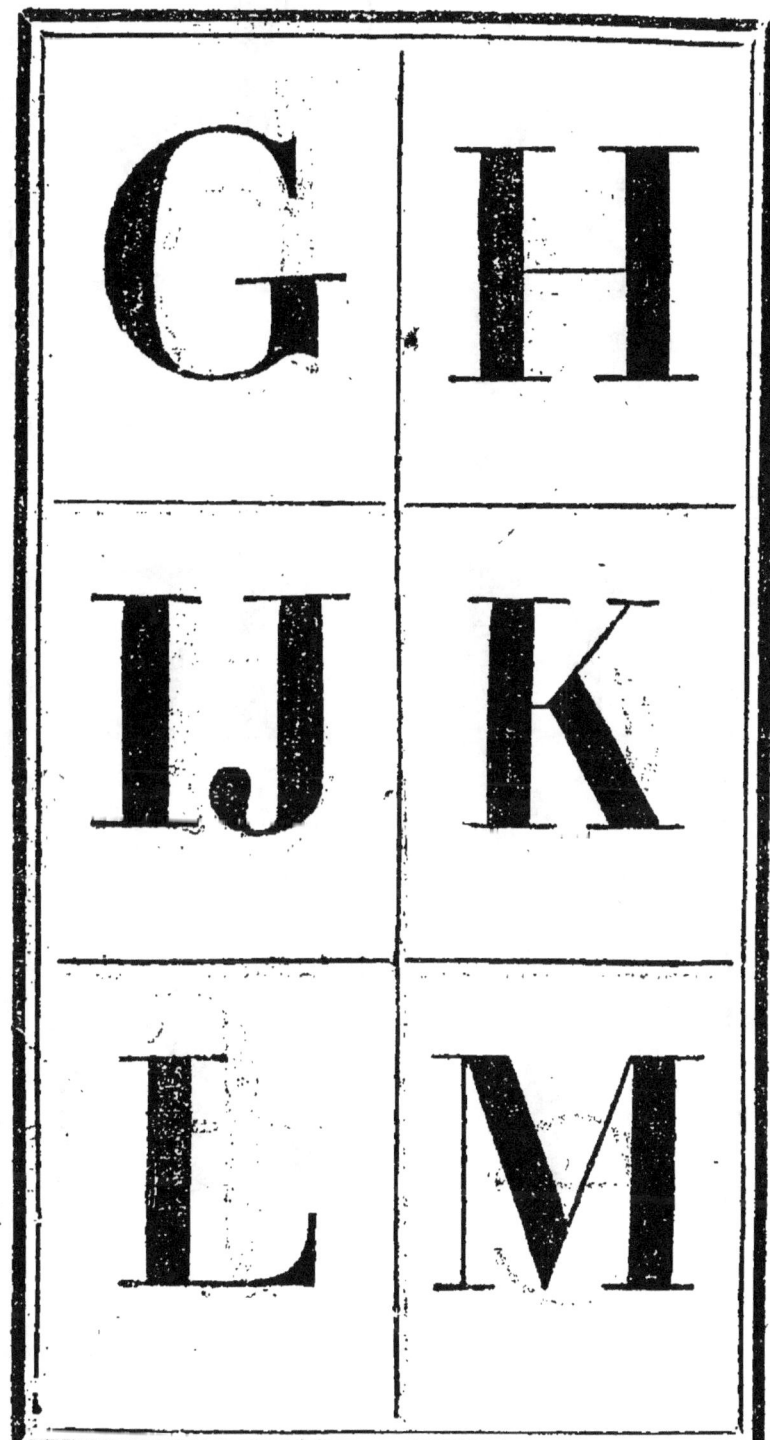

g	h
ij	k
l	m

N O
P Q
R S

n	o
p	q
r	s

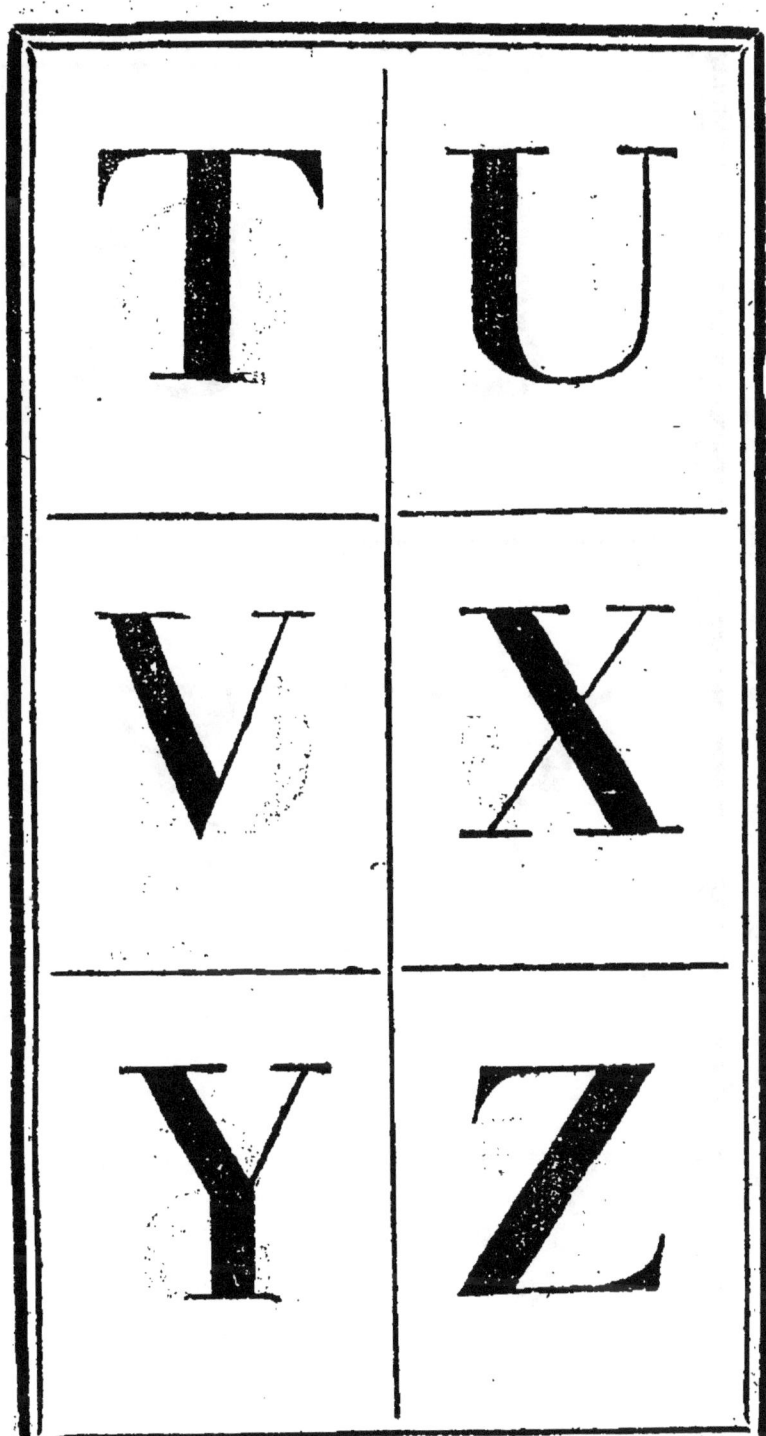

t	u
v	x
y	z

a b c d

e f g h

i j k l

m n o p

q r s t

u v x y z.

ALPHABET QUADRUPLE,

Ou Lettres majuscules et minuscules, courantes, italiques et manuscrites.

A a	B b	C c	D d	E e
A a	*B b*	*C c*	*D d*	*E e*
F f	G g	H h	I i	J j
F f	*G g*	*H h*	*I i*	*J j*
K k	L l	M m	N n	O o
K k	*L l*	*M m*	*N n*	*O o*
P p	Q q	R r	S s	T t
P p	*Q q*	*R r*	*S s*	*T t*
U u	V v	X x	Y y	Z z
U u	*V v*	*X x*	*Y y*	*Z z*

*Lettres doubles et liées
ensemble.*

æ	œ	fi	ffi
fi	ffi	fl	ffl
ff	ſb	fl	ſſ
ct	ſt	w	&.
æ	œ	fi	ffi
fi	ffi	fl	ffl
ff	ſb	fl	ſſ
ct	ſt	w	&.

a e i ou y o u
ba be bi bo bu
ca ce ci co cu
da de di do du
fa fe fi fo fu
ga ge gi go gu
ha he hi ho hu
ja je ji jo ju
ka ke ki ko ku
la le li lo lu

ma me mi mo mu

na ne ni no nu

pa pe pi po pu

qua que qui quo qu

ra re ri ro ru

sa se si so su

ta te ti to tu

va ve vi vo vu

xa xe xi xo xu

za ze zi zo zu

Mots faciles à épeler.

A mi, mi di, jo li, a me, lu ne, ra ve, ca ve.

I ma ge, ro se, ma da me, mes-da mes, ma ro be, mes ro bes.

Mon, ton, son, pas, sel, bec, sec, van, sac, pot, or, cor.

Pa pa, ma-
man, mon père,
ma mè re, pe tit
en fant, les pe-
tits en fants.

Vin, bon vin,
bon pain, bel le
main, le pont,
la ver du re.

Bien, mien,
mien ne, le sien,
la sien ne, la

nuit, le puits.

Le chat, le chien, le che val, les che vaux, l'â- ne, la va che, le pe tit veau, le mou ton.

Mots plus difficiles à épeler.

L'a gneau, le ros si- gnol, la gran ge, le flam beau, mon grand- pè re.

Moi, loi, le roi, boi re, je bois quand j'ai soif.

Soin, foin, a voi ne, poil, joie, u ne oie.

Mon bras, un ar bre, un clou, du drap pour fai re un ha bit.

Rai sin, ma ga sin, ha sard, choi sir, po ser.

Des sus, des sous, pas ser, pous ser.

Zè le, zig zag, on ze, dou ze, le nez, e xer ci ce, e xa men, deu xi è me, les oi seaux, u ne perdrix.

Moy en, pays, pay-
san, ab bay e, les yeux

Pu ni tion, in ven tion.

Phi lo so phe, Jo seph.

Fil le, quil le, co quil-
le, meil leur, o seil le,
cueil lir, vieil lard, vieil-
les se.

Feuil le, cer feuil, so-
leil, l'œil, un œil let.

Qui, que, quoi, quel-
que, le quel, quand, co-
quin, co que, queu e,
cro quet.

VOYELLES ACCENTUÉES.

Accent aigu (´).

É té. É co le. Ré pé té. Ai mé. por té.

Accent grave (`).

Pè re. Mè re. Suc cès. Ac cès. Mi sè re.

Accent circonflexe (ˆ).

Pâ te. Pâ té. Tê te. Mê me. Gî-te. Cô te. Cô té. Dô me. Flû te.

Tréma (¨).

Ha ïr, na ïf, na ï ve, Ca ïn, Si na ï, Sa ül, ci guë, pa ro le am bi guë.

ç cédille.

Gar çon, fa çon, fran çois, le çon, for çat, fa ça de.

LEÇONS DE LECTURE.

DIEU ET L'UNIVERS.

Approchez, Paul, et vous aussi, Pauline; venez vous asseoir sur vos petits tabourets auprès de maman.

Comme vous êtes des enfants déjà très-raisonnables pour votre âge, je vais vous apprendre des choses qui vous amuseront beaucoup : je vous dirai comment la terre est faite, et quels sont les principaux peuples qui l'habitent.

Savez-vous comment on appelle la science qui nous fait connoître les divers pays et les diverses nations de la terre? c'est la *Géographie*...

Mais avant de parler de la terre, levez les yeux, mes enfants, admirez la vaste étendue du ciel, voyez tout ce qui existe, et demandez-vous : Qui a créé toutes ces choses?

C'est Dieu qui a créé tout ce que nous

voyons et ce que nous ne voyons pas ; il a créé, depuis, le soleil et les astres qui brillent dans le firmament, jusqu'aux petits insectes qui se perdent dans la poussière.

Mais qu'est-ce qui a créé Dieu ?

Dieu n'a jamais été créé, il existe de toute éternité ;

Il n'a pas eu de commencement, et n'aura jamais de fin.

On appelle tout ce qui existe *l'Univers*.

Le *Monde* est ce que nous voyons : la terre, le soleil, la lune, les étoiles et le ciel.

Le soleil est créé pour répandre la lumière et la chaleur.

La multitude d'étoiles qui est répandue dans le ciel et qui étincellent pendant les nuits se divise en deux espèces, les *planètes*, qui tournent autour du soleil, et les *étoiles fixes*, que l'on voit toujours à la même place.

Toutes ces étoiles qui vous paroissent aussi petites que le bout du doigt, sont la plupart infiniment plus grosses que la terre. Je vous effraierois si je vous disois quelle est la grosseur du soleil ; il est un million trois cent mille fois plus gros que la terre. Votre imagination n'ira jamais jusqu'à vous présenter une idée de cette extrême différence, et votre jeune intelligence ne saisit peut-être pas seulement le quart de ce que je vous dis.

DE LA TERRE.

Je suis sûr que vous me comprendrez mieux quand je vous dirai que la terre est ronde comme une boule..... Mais, pourquoi me regardez-vous avec étonnement, Paul ? Cela vous semble donc bien singulier ? Vous avez cru jusqu'à présent que la terre étoit plate : eh bien, mon ami, elle ne nous paroît ainsi, au premier abord, que parce que nous sommes bien petits ; mais, à mesure que nous marchons, nous trouvons d'autres pays, et nous voyons toujours, même au milieu des plus grandes plaines, les bornes de l'horizon et le ciel qui est au-delà. Si nous continuïons de marcher toujours tout droit, nous finirions par avoir fait le tour de la terre, et nous nous retrouverions au lieu même d'où nous serions partis.

Combien croyez-vous qu'il faudroit de temps à un homme qui feroit régulièrement dix lieues par jour, pour faire le tour entier de la terre? il ne lui faudroit que deux ans et demi. Cela vous étonne. La terre n'est donc pas bien grande, dites-vous ; elle a neuf mille lieues de tour. C'est encore beaucoup pour vos petites jambes !

Cependant ne vous imaginez pas que l'on fasse aussi facilement à pied le tour de la terre. La mer occupe la plus grande partie de la surface du globe, et pour le parcourir il faut encore plus souvent voyager par eau que par terre.

Mais, m'allez-vous dire, comment se fait-il que la terre soit ronde comme une boule avec ces hautes montagnes et ces profondes vallées qui la couvrent ? elle doit au contraire être toute biscornue. Réfléchissez un peu à son énorme grosseur, et vous verrez bientôt que ces montagnes et ces vallées ne sont que de petites inégalités qui ne peuvent altérer la figure de notre globe.

DES TERRES ET DES EAUX.

Les eaux arrosent la terre dans tous les sens et couvrent même la plus grande partie de sa surface.

C'est par les noms de *mers* que l'on désigne ces immenses amas d'eau qui sont plus étendus que les terres que l'homme habite.

La plus grande mer s'appelle *Océan*.

On nomme *détroit* une mer resserrée entre deux terres.

Un *golfe* est une partie plus ou moins grande de la mer qui s'avance dans les terres.

Un *lac* est une grande étendue d'eau au milieu des terres.

Un *étang* est un petit lac où l'on nourrit du poisson.

Un *marais* est une eau qui ne coule point et qui se dessèche quelquefois.

On appelle *fleuve* une grande rivière qui se rend à la mer.

Un *continent* est une terre d'une grande étendue, qui contient plusieurs peuples qui ne sont point séparés par les eaux de la mer.

Une *île* est une terre plus ou moins grande, que les eaux environnent de toutes parts.

Une *presqu'île* est une terre qui seroit une île, si elle ne tenoit pas au continent par un côté : elle est *presque une île*.

Un *cap* ou *promontoire* est une élévation de terre qui s'avance dans la mer.

Un *isthme* est une langue de terre resserrée entre deux mers. L'*isthme* est le contraire du *détroit*.

Vous voyez, tous les jours, le soleil paroître d'un côté du ciel, et disparoître du côté opposé. On appelle le côté d'où il sort, l'*Orient* ou l'*Est* ; le côté où il se couche, l'*Occident* ou l'*Ouest* ; et le côté où il se trouve au milieu du jour, le *Midi* ou le *Sud* ; la partie opposée au midi s'appelle le *Nord* ou le *Septentrion*.

DU LEVER ET DU COUCHER DU SOLEIL.

Paul. — Maman, on dit le lever et le coucher du soleil : est-ce que vraiment il se lève et se couche ?

La Mère. — Tu es si jeune encore, mon enfant, qu'une pareille question de ta part n'a rien qui m'étonne. Apprends que ces mots de lever et de coucher du soleil ne sont que des façons de parler pour exprimer quand nous commençons à le voir et quand nous le voyons disparoître. Le soleil reste toujours à la même place.

Paul. — A la même place ! Cependant, maman, le matin il est d'un côté, et le soir il est d'un autre : il ne reste donc pas à la même place.

La Mère. — En ceci, mon enfant, les apparences te trompent : tu t'imagines, et tu dois croire que le soleil sort d'un côté de l'horizon, s'avance dans le ciel, et redescend vers le côté opposé à celui d'où il est parti. Il faut donc que je te dise que le soleil ne fait point ce voyage dans le ciel, mais que la terre tourne sur elle-même. Écoute, je vais te faire une comparaison qui n'est pas très-magnifique, je la tirerai de la cuisine, mais qu'importe! pourvu qu'elle rende plus sensible ce que je veux t'expliquer. Tu as vu le rôti embroché tourner devant le feu, tu as remarqué que le feu échauffe et éclaire toutes les parties de ce rôti qui tourne toujours. Eh bien, imagine que la terre est le rôti, et qu'elle tourne devant le soleil, qui sera le foyer. Cela te fait rire, j'en suis bien aise; mais n'en suis pas moins attentivement l'explication que je te donne. La terre en tournant sur elle-même, présente successivement toutes ses parties au soleil, qui y répand sa lumière et sa chaleur bienfaisante: ainsi la partie de la terre qui dans le moment se trouve tournée vers le soleil, jouit de la lumière, c'est-à-dire qu'elle a le jour tandis que la partie opposée, qui n'est pas éclairée, a la nuit. Or, comme la terre fait un tour entier sur elle-même en vingt-quatre heures, il en résulte que nous avons dans ce temps le jour et la nuit, la lumière et les ténèbres. Ce que je te dis là est si simple, que tu dois m'avoir parfaitement comprise.

Paul. — Oui, Maman, j'entends bien que si la terre tourne comme une boule que je ferois tourner entre mes doigts, tous les côtés sont tour à tour éclairés; mais comment se fait-il que je ne l'aie jamais sentie tourner !

La Mère. — Je m'attendois à cette question; mais n'oublie pas l'immense grosseur de la terre, et combien tu es petit en te comparant avec elle : tu es comme un grain de poussière, comment pourrois-tu sentir ses mouvements ! Suppose qu'un ciron, c'est-à-dire un animal si petit, si petit, qu'on ne peut le découvrir qu'à l'aide d'un verre grossissant; suppose, dis-je, que cet imperceptible insecte est sur un vaisseau qui est aussi gros qu'une grande maison, est-ce qu'il s'apercevra que le vaisseau avance sur la mer ! cela lui est impossible. Eh bien, toi, en comparaison avec la terre, tu es encore plus petit que le ciron comparé avec le vaisseau.

Pauline. — Ah! mon Dieu, que nous sommes donc petits! Cependant je marche, je cours, je saute, et si, en sautant, quand la terre est sans dessus dessous et que j'ai la tête en bas, j'allois tomber dans l'air et jusqu'au ciel qui est au-dessous de nous ?

La Mère. — Vraiment tu ferois là une chute fort dangereuse ; mais rassure-toi, la terre n'est jamais sans dessus dessous ; elle a beau tourner, et nous avons beau tourner avec elle, nous avons toujours les pieds en bas et la tête en haut. Je te dirois bien pourquoi, ou plutôt comment on explique cela, mais tu ne pourrois me comprendre encore, tu es trop jeune. Attendons quelques années.

DES QUATRE PARTIES DU MONDE.

La Mère. — Par exemple, tu sauras bien me dire combien il y a de parties du monde.

Pauline. — Oui, maman ; il y a quatre parties du monde, l'*Europe*, l'*Asie*, l'*Afrique* et l'*Amérique* ; mais qu'est-ce que cela veut dire : *Parties du Monde ?*

La Mère. — On est convenu d'appeler ainsi de grands espaces de terre qui contiennent plusieurs peuples. Je te ferai voir tout à l'heure ces diverses parties sur une carte géographique que l'on nomme *Mappemonde*. Auparavant dis-moi quelle partie du monde nous habitons.

Pauline. — Oh! maman, je sais bien que nous sommes *Européens*.

Paul. — Et moi, je sais bien aussi que la *France* est en Europe et que je suis *François*.

DE L'EUROPE.

La Mère. — L'Europe, quoique la plus petite des quatre parties du monde, est la plus civilisée, c'est-à-dire celle où les hommes ont le plus d'instruction et d'industrie; aussi est-elle plus puissante que l'Asie, qui a le double de grandeur, et c'est elle qui a fondé les états les plus puissants de l'Amérique. Elle peut avoir de longueur onze cents lieues et neuf cents de largeur. Son climat, en général, est tempéré; c'est-à-dire que le froid et la chaleur y sont très-supportables; son extrémité septentrionale, cependant, se trouve sous la zône glaciale, et ressent un froid rigoureux pendant les hivers.

L'Europe ne produit des hommes que d'une seule couleur : ils sont blancs ; seulement la chaleur brunit ceux qui habitent les régions les plus méridionales.

Les principaux états de l'Europe sont : la *France*, l'*Angleterre*, le *Danemarck*, la *Suède*, la *Russie*, la *Suisse*, l'*Allemagne*, l'*Autriche*, la *Hongrie*, la *Prusse*, l'*Espagne*, l'*Italie* et la *Turquie*.

LA FRANCE.

La Mère. — Comme Paul nous a appris qu'il étoit François, il saura sans doute nous dire quelque chose de la France.

Paul. — Vous m'avez dit, ma chère maman, que la France étoit un des plus beaux pays de l'Europe. Je me souviens bien que les principales montagnes que l'on y trouve sont : les Alpes, les Pyrénées, les Vosges, le Mont-Jura et les montagnes d'Auvergne. Ses rivières les plus remarquables sont : la Seine, la Loire, le Rhône et la Garonne. Sa plus grande ville est *Paris*.

FRANÇAIS. ECOSSAIS.

TURCS. RUSSES.

La Mère. — C'est très-bien pour un petit garçon comme toi. Paris est non-seulement la plus grande ville de la France, mais c'est encore, par sa population, ses richesses et ses monumens, une des premières villes du monde. Après Paris, la France compte parmi ses grandes villes *Lyon*, *Marseille*, *Bordeaux*, *Rouen*, *Orléans* et *Lille*.

Les François se sont, dans tous les temps, distingués par leur courage et par l'aménité de leurs mœurs. En ce moment, leurs armées sont les premières de l'Europe, et leur politesse a long-temps servi de modèle aux peuples voisins.

L'ANGLETERRE.

L'Angleterre n'est séparée de la France que par un détroit que l'on appelle le Pas-de-Calais. C'est une grande île divisée en *Angleterre*, proprement dite, et en *Écosse*. Il y a sur la côte une île moins grande qui en dépend, et que l'on nomme l'*Irlande*. Quelle est la capitale de l'Angleterre?

Pauline. — *Londres* est la capitale de l'Angleterre.

La Mère. — Londres est une des villes les plus florissantes, les plus grandes et les plus marchandes de l'Europe. Elle est située sur une grande rivière que l'on appelle la Tamise.

Les Anglois sont en général grands et bien faits. Ils aiment le commerce et y réussissent. Leur position au milieu de la mer les a forcés de se livrer à la navigation. Ils aiment les sciences et y ont obtenu des succès. Les mœurs de Londres sont, à peu de chose près, celles de Paris et des autres grandes villes de l'Europe; mais, si le beau monde y est poli, en revanche rien de plus grossier que le bas peuple : hargneux, mutin, sans cesse il querelle et se bat à coups de poing; son plaisir est d'insulter les étrangers, et les François surtout.

L'Écosse, qui fait partie de l'île d'Angleterre, est moins civilisée que l'Angleterre proprement dite. Retirés au milieu de leurs montagnes, et sur une terre desséchée par les vents, les Écossois se contentent de peu de chose, et vivent aussi simplement que si les arts étoient encore inconnus en Europe. Leur costume est même tout-à-fait différent de ceux des peuples voisins. Vous en pourrez prendre une idée dans une gravure que je vous montrerai.

LE DANEMARCK.

Le Danemarck est voisin du royaume de Hanovre. Son climat est froid. *Copenhague* est sa capitale. Les mœurs de ses habitants ont beaucoup de rapport avec celles des Allemands.

LA SUÈDE ET LA NORWÉGE.

La Suède est placée à côté de la Norwége et jouit du même climat. Sa ville capitale s'appelle *Stockholm*.

La Norwége, qui dépendoit du Danemarck, fait maintenant partie des états du roi de Suède. *Berghen* est sa capitale. Il fait bien froid dans la Norwége : l'hiver y dure long-temps, et l'été y passe en trois mois.

LA LAPONIE.

Le pays des Lapons est à l'extrémité septentrionale de l'Europe. C'est ce pays-là qui est bien vilain en comparaison du nôtre ! Figurez-vous une terre presque toujours couverte de neige et de glace ; si l'on vous y transportoit tout à coup, vous y péririez de froid. Ce vilain pays est cependant habité ; mais les hommes nés sous ce rude climat y sont habitués, et se trouvent là tout aussi bien que nous au milieu de nos prairies et de nos jardins pleins de fleurs. Ce qui est bien plus triste encore, c'est que la partie de la Laponie la plus au nord a, dans l'année, trois mois de jour et trois mois de nuit tout de suite : cela vous étonne bien, un jour de trois mois et une nuit qui dure autant ! Quand vous serez un peu plus grands, on vous expliquera la cause de ces longs jours et de ces longues nuits.

Les animaux les plus communs de ces misérables contrées, sont : les rennes, les chiens et les ours blancs. Le renne est un animal qui ressemble assez au cerf; il donne un lait excellent, tire le traîneau, et a la chair aussi bonne que celle du bœuf.

Quatre pieds et demi font la hauteur d'un Lapon. Ce n'est pas là un grand personnage: avec cela il est maigre et d'une figure qui n'est pas des plus belles; sa tête est grosse, son nez court et camus, son menton alongé, sa bouche grande, et ses cheveux sont noirs et hérissés; si vous ajoutez qu'il est fort malpropre, vous aurez tout son portrait.

Il n'y a point de ville dans la Laponie: les habitations sont séparées et dispersées de côté et d'autre: ce ne sont que de misérables huttes pointues, faites de bois, de branchages et de gazon; elles sont élevées sur des pieux, fort petites, et percées par en haut pour laisser passer la fumée du foyer qui est au milieu de la pièce.

LA RUSSIE.

La Russie est le plus vaste empire de la terre; il y en a une partie en Europe, et l'autre en Asie. Ses deux principales villes sont *Pétersbourg* et *Moscou*. Les habitants de ces villes et les gens riches sont aussi civilisés que les autres Européens; mais le reste de la nation est encore dans la barbarie. Les paysans sont serfs, c'est-à-dire qu'ils appartiennent aux seigneurs, qui ne leur permettent pas de quitter leurs terres. Les habitations de ces paysans sont grossièrement fabriquées en bois : ce sont des troncs d'arbres entassés les uns sur les autres, et ayant leur écorce en dehors; en dedans on les équarrit avec une hache seulement, la scie étant encore presque inconnue en Russie. Il est assez rare de trouver un lit dans ces demeures; la famille, en général, est couchée sur des bancs, à terre, ou sur le poêle, espèce de four de briques qui occupe presque un quart de la chambre et qui est plat par-dessus.

La rigueur du climat fait rechercher les fourrures pour vêtements, et l'on a soin de se bien garnir les jambes. Le peuple porte la barbe longue et des bonnets de poil.

L'ALLEMAGNE.

L'Allemagne est une vaste contrée divisée en plusieurs états, savoir : une partie du royaume de Prusse, le royaume de Saxe, ceux de Hanovre, de Wirtemberg et de Bavière, et l'empire d'Autriche.

La capitale de la Prusse proprement dite est *Kœnisberg*; mais *Berlin* est en Allemagne, et le lieu où résident le roi et les principales autorités.

Dresde est la capitale de la Saxe.

Stuttgard est la capitale du Wirtemberg.

L'empire d'Autriche a pour capitale la ville de *Vienne*.

Les Allemands, en général, sont d'un caractère estimable; ils passent pour avoir de la franchise et de la bonne foi; ils sont laborieux, braves, et amis des sciences.

L'ESPAGNE.

L'Espagne est un grand royaume séparé de la France par de hautes montagnes que l'on appelle les Pyrénées. Il s'y trouve plusieurs belles villes; la capitale se nomme

Madrid. Les Espagnols, à cause de la chaleur de leur climat, ont le teint un peu olivâtre et basané ; ils ont généralement la taille médiocre et sont maigres ; la fierté et la paresse sont les principaux traits de leur caractère ; ils méprisent les autres peuples, et vivent habituellement dans l'ignorance et la malpropreté. Les Espagnols ont été autrefois un des peuples les plus braves et les plus spirituels de l'Europe, mais la paresse et la superstition les ont fait dégénérer peu à peu. On appelle superstition la religion mal connue et mal suivie. Ce peuple, sous un gouvernement plus sage, peut redevenir ce qu'il a été, et tenir encore un rang distingué parmi les nations.

L'ITALIE.

Sous le nom général d'Italie on comprend plusieurs états : le royaume *Lombardo-Vénitien*, celui de *Naples*, les états *Romains*, et quelques autres principautés.

Le royaume de Naples a pour capitale la ville du même nom ; *Rome* est le siége du pape et la capitale des états de l'Église; et *Milan* est la capitale du royaume Lombardo-Vénitien.

L'Italie a été le théâtre des plus grands événements qui se sont passés en Europe. Rome, qui dans l'origine n'étoit qu'un misérable village, devint peu à peu la maîtresse de l'Italie, et, par la suite, du monde alors connu. Quand vous serez un peu plus instruits, mes enfants, je vous ferai lire l'Histoire Romaine, et je vous assure que cette histoire vous amusera beaucoup.

Rome, après avoir été, par ses armes, la dominatrice d'une grande partie de la terre, tient encore, par la religion, un des premiers rangs parmi les villes du monde; elle est le siége et la résidence des papes, et c'est de son sein que partent, pour ainsi dire, les oracles de la religion chrétienne.

C'est en Italie que les beaux-arts ont commencé à renaître pour l'Europe : les magnifiques monuments des anciens Romains ont servi de modèles aux architectes modernes; les statues échappées aux injures du temps nous ont donné le goût du vrai beau ; et les grands peintres, tels que Raphaël et Michel-Ange, ont porté la peinture au plus haut degré de perfection.

LA TURQUIE.

Voilà des hommes qui ne ressemblent aux autres Européens ni par leurs mœurs, ni par leur religion, ni même par leurs vêtements. Les Turcs, quoique occupant un coin de l'Europe, sont un vrai peuple asiatique. Regardez la figure qui les représente, et vous remarquerez tout de suite un costume tout différent du nôtre. Voyez-vous ce gros bonnet qui est sur la tête de l'homme ? cela s'appelle un *turban*. Cette coiffure n'est permise qu'aux musulmans : c'est-à-dire aux personnes qui suivent la religion de Mahomet. Les hommes et les femmes ont un habillement à peu près semblable : le justaucorps est le même pour les deux sexes, ainsi que le grand pantalon large ; les hommes portent la barbe longue ; c'est un ornement naturel dont ils sont très-jaloux; en revanche ils ont la tête rasée, cela est fort indifférent, car ils n'ôtent jamais leur turban, même devant l'empereur, même dans leurs temples qu'ils appellent *mosquées*.

Les Turcs, comme je viens de vous le dire, suivent la religion mahométane. Mahomet est leur prophète; il leur a donné un livre intitulé *Alcoran*, qui est pour eux comme l'Évangile pour nous.

La polygamie est permise aux Turcs : on appelle polygamie le droit d'avoir plusieurs femmes. Un musulman peut avoir jusqu'à quatre femmes légitimes : on les tient renfermées dans une partie de la maison que l'on appelle *harem*; aucun homme, excepté le mari, n'a le droit d'entrer dans cet appartement, uniquement destiné aux femmes.

L'esclavage est ordinaire parmi les Turcs; ils achètent des hommes et des femmes pour en faire leurs domestiques, comme nous achetons des chevaux et des bœufs. Il y a des marchés publics où l'on trouve de ces malheureux qui ne doivent jamais être les maîtres de leur personne.

L'empereur des Turcs a le titre de Grand-Seigneur, ses ministres sont appelés *visirs*. Le gouvernement est despotique, c'est-à-dire que le Grand-Seigneur donne sa volonté comme loi. Il peut, à son gré, ordonner de la vie et de la mort de ses sujets.

La Turquie s'étend en Europe et en Asie ; sa capitale s'appelle *Constantinople*.

DE L'ASIE.

L'Asie a été habitée avant le reste de la terre. C'est en Asie que Dieu a placé le premier homme. Cette partie du monde est presque aussi grande que l'Europe et l'Afrique réunies ; elle a environ dix-sept cents lieues de longueur, et quinze cents de largeur ; aussi la température y est-elle variée suivant les contrées : les parties du nord y sont presque toujours couvertes de glace et de neige, tandis que celles du midi éprouvent une chaleur continuelle et presque insupportable. La fertilité du sol y varie comme la température : le nord ne présente qu'un aspect de misère et des peuples qui n'ont d'autre ressource que la pêche et la chasse ; mais à mesure que l'on avance vers le midi, la terre s'embellit, se couvre de verdure, de fleurs et de fruits ; le sol devient fécond en productions de toutes espèces, parfums, épices, métaux, perles, pierres précieuses, encens, myrrhe, divers baumes, canelle, gingembre, bois odoriférants, l'or, l'argent, l'ivoire, café, thé, etc.

L'espèce humaine, en Asie, subit, selon les climats, des variétés du blanc au noir ; le Kamtschadale, qui vit au milieu des glaces du nord, a la peau blanche, tandis que l'habitant des rives du Gange est presque noir. Il en est de même des animaux : on y en voit de toutes les formes, de tous les poils, depuis le renne qui se plaît sur la neige, jusqu'à l'éléphant qui aime l'ombrage sous un climat brûlant.

Les principales nations de l'Asie sont :

Dans le nord, le pays des Samoïèdes, la Russie Asiatique, la Tartarie Russienne ; et le Kamtschatka ;

A l'orient, la Tartarie Chinoise et la Chine ;

Dans le midi, le Mogol, les Indes, la Turquie d'Asie, la Perse et l'Arabie;

Et au centre, la grande Tartarie et d'immenses déserts.

LES SAMOÏEDES.

Comme j'ai nommé les Samoïedes, il faut que je vous donne une idée de leur triste existence, et vous remercierez le ciel de vous avoir placés sous un climat aussi heureux que le nôtre.

Figurez-vous que le pays des Samoïedes est couvert de neige et de glace pendant huit mois de l'année. Vous allez dire que ces pauvres gens doivent être fort malheureux ; eh bien, ils ne se plaignent pas, et les Russes ont vainement tenté de les réunir dans des villes ; il a fallu prendre des Russes même pour habiter les villes qu'on leur avoit bâties. Ils se trouvent bien comme ils sont ; ils ne paroissent pas même disposés à vivre entre eux trop près les uns des autres ; quand un voisin les approche trop, ils prennent sans façon leur demeure et vont l'établir plus loin. Rien n'est si facile. Cette habitation est faite tout simplement avec quelques perches rapprochées en rond et recouvertes d'écorces cousues ; elle est pyramidale, et laisse échapper la fumée par un trou placé au centre ; une ouverture de quatre pieds de haut sert de porte ; mais pendant l'hiver on sort par la cheminée, vu que la neige a condamné l'entrée ordinaire. Là, renfermés pendant huit mois, les Samoïèdes s'occupent à faire quelques ustensiles de bois qu'ils vendent aux Russes. La pêche et la chassent fournissent à leur nourriture, et lorsqu'ils rentrent dans leur hutte, ils mangent sans difficulté la chair et le poisson tout crus ; c'est même un très-grand régal que de boire du sang de renne tout chaud : on ne fait cuire que le petit gibier et les oiseaux. Il n'y a point d'heure fixée pour les repas, chacun mange quand il a faim.

Les Samoïèdes sont assez trapus, mais ils n'ont que quatre à cinq pieds de hauteur. Leur teint est jauni par la fumée, et en général ils n'ont pas la physionomie très-agréable : leurs yeux sont petits et à peine ouverts ; le nez écrasé, et leurs cheveux, épais et soyeux, leur couvrent une partie de la figure ; ajoutez à cette description un vilain vêtement de peau de bêtes fauves avec son poil, ou de peau de poisson tannée, et vous aurez une idée d'un Samoïède. Les Kamtschadales et les autres peuplades du nord de l'Asie sont, dans leurs mœurs et leur figure, plus ou moins ressemblants aux aimables personnages dont je viens de vous esquisser le portrait.

LES TARTARES.

On comprend sous le nom de Tartarie un pays immense. On la divise en trois grandes parties qui sont : la *Tartarie Chinoise*, ou qui dépend de la Chine ; la *Tartarie Russienne*, ou qui dépend de la Russie, et la *Tartarie indépendante*.

Les Tartares, en général, sont errants, c'est-à-dire qu'ils n'habitent point de lieu fixe. Comme ils se ressemblent plus ou moins, je vais vous faire connoître ceux qu'on appelle Tartares Calmoucks ; ils dépendent d'un souverain particulier qu'on nomme le Grand-Kan,

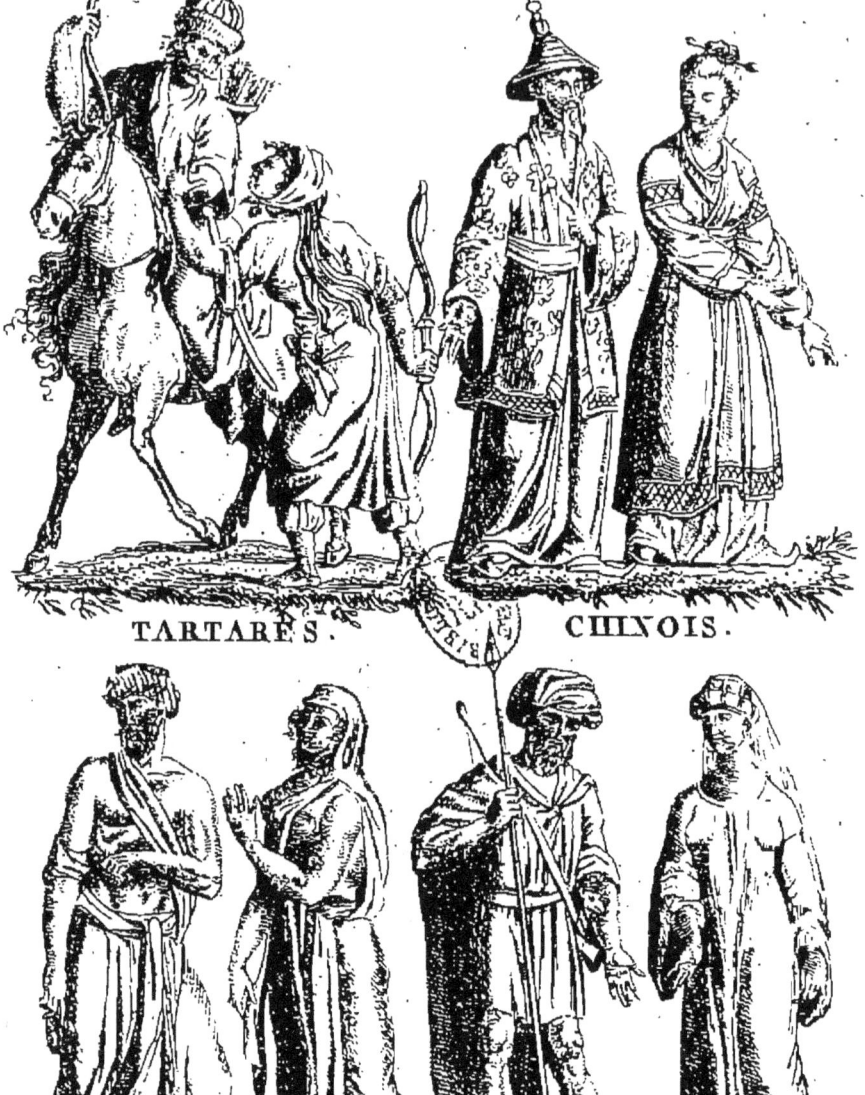

Les Calmoucks sont les plus laids des Tartares, et par conséquent de tous les hommes. Ils ont le visage plat et large, les yeux fort éloignés l'un de l'autre, très-petits et peu ouverts, et le nez si écrasé que l'on n'y voit que deux petits trous au lieu de narines.

Quoiqu'ils aient quelques villes, ils campent sous des tentes de feutre, qu'ils alignent dans les lieux abondants en pâturages, et sont divisés par hordes. Quand un lieu ne leur plaît plus, ils en changent et conduisent ailleurs leurs familles, leurs troupeaux et leurs demeures; ils ne plantent ni ne labourent; ils n'ont d'autre soin que d'être à cheval et de garder leurs troupeaux, dont la chair et le lait les nourrissent; ils sont guerriers, et n'ont besoin que de discipline pour être bons soldats.

Leurs vêtements consistent en plusieurs peaux de mouton cousues ensemble, qu'ils ajustent en forme de veste tout-à-fait simple, qu'ils ceignent par le milieu avec un cordon qui soutient le carquois et l'arc; ils se rasent la tête jusqu'au sommet, où ils gardent une touffe de cheveux pour en faire deux tresses dont la première leur pend par-devant, et l'autre par-derrière; ils la couvrent d'un bonnet rond, de la même matière que leurs habits, et ils mettent en haut une houppe de soie rouge ou de quelque autre couleur : c'est la marque à laquelle on peut reconnoître les différentes hordes.

LES CHINOIS.

La Chine est le plus puissant et le plus ancien empire de l'Asie; c'est aussi le plus peuplé, et même, dans tout le reste du monde, on ne trouveroit pas un autre pays où le nombre des hommes soit aussi considérable en proportion de l'étendue du territoire. *Pékin* est la capitale de cet empire et la résidence de l'empereur : on dit que cette ville est trois fois plus grande que Paris, et qu'elle contient deux millions d'habitants.

Les Chinois sont généralement d'une taille médiocre, ont le nez court, les cheveux noirs, le visage large, les yeux petits, le teint olivâtre. Les femmes sont petites aussi et assez jolies; mais la plus grande marque de beauté qu'elles puissent avoir consiste dans la petitesse du pied. Aussi, pour leur procurer cet avantage, il n'est rien qu'on n'imagine quand elles sont enfants; ordinairement on leur serre les pieds avec des bandes, et cela avec tant de force qu'elles peuvent à peine marcher le reste de leur vie. Cet inconvénient est peu sensible pour elles, car elles ne doivent que très-rarement sortir de leur maison.

La Chine semble être le lieu de la terre où la piété filiale a le plus d'empire sur le cœur humain. La religion, les lois et les mœurs se réunissent pour consacrer ce premier sentiment de la nature. Un fils ne se contente point d'avoir respecté les auteurs de ses jours pendant leur vie, il en porte les marques de deuil l'espace de trois ans après leur mort; il y ajoute plusieurs pratiques rigoureuses, comme de coucher sur la terre pendant cent jours, et de s'abstenir de tout plaisir : mais ce qui paroît bien étrange à côté de l'exaltation louable de ce sentiment; c'est qu'un père a le droit d'exposer ou de faire mourir les enfants qu'il ne peut nourrir.

L'agriculture, à la Chine, est regardée comme le premier et le plus utile des arts. L'empereur, pour la rendre plus honorable, prend lui-même la charrue chaque année au printemps ; il laboure pendant environ une heure ; des paysans l'accompagnent en chantant des hymnes en l'honneur des travaux champêtres. Les grands de la cour imitent le prince, et prennent aussi le manche de la charrue.

L'habillement des Chinois a de la gravité ; il consiste en une longue robe à longues et larges manches, qui croise sur la poitrine, et s'attache sur le cou par deux ou trois boutons d'or ou d'argent ; leurs haut-de-chausses sont de satin ou de toile ; sur leur tête est une touffe de cheveux tressés, surmontée d'un petit chapeau en entonnoir, ombragée par du crin rouge ou de la soie ; à leurs pieds sont des bottes de soie, de calicot ou de cuir de cheval. Les femmes sont modestement vêtues d'une longue robe rouge, bleue ou verte, qui ne laisse voir que leur visage ; leurs cheveux sont frisés en boucle, entremêlées de touffes d'or et d'argent, quelquefois surmontées de la figure d'un oiseau. Comme elles aiment beaucoup les fleurs, elles en portent toujours sur leur tête, et ordinairement de chaque côté au-dessus de l'oreille. Le vêtement de deuil est blanc à la Chine.

Les Chinois sont civilisés depuis un temps immémorial. Ils ont fait plusieurs découvertes ; ils avoient déjà le papier, l'imprimerie et la boussole, que l'on n'y songeoit pas encore en Europe ; mais ces découvertes n'ont pas été loin entre leurs mains : ils ne perfectionnent rien, et laissent volontiers les choses au point où ils les ont trouvées.

Il y a à la Chine une muraille bien extraordinaire, et que l'on appelle la *Grande Muraille :* elle a été construite trois cents ans avant Jésus-Christ, c'est-à-dire que voilà déjà plus de deux mille cent ans qu'elle dure. Cette muraille est d'une longueur immense ; elle sépare la Chine de la Tartarie, et a été bâtie pour empêcher les Tartares d'entrer dans la Chine ; elle a de hauteur trente à quarante pieds, et vingt à vingt-cinq d'épaisseur.

LES INDES.

L'Inde est un pays immense, à l'extrémité méridionale de l'Asie; et qui se divise en deux presqu'îles, c'est-à-dire en deux grandes pointes de terre qui s'avancent dans les mers; il contient plusieurs états dont les principaux sont : l'*Indostan*, *Visapour*, *Golconde*, *Bisnagar*, *Ava*, *Pégu*, *Arracan*, *Siam*, *Camboge*, *Tonquin* et la *Cochinchine*. Je ne vous parlerai que de l'Indostan : quand vous serez plus grands vous prendrez connoissance des autres pays.

Les deux fleuves les plus célèbres qui arrosent l'Indostan sont l'Indus et le Gange. La température y est très-chaude : on n'y connoît point l'hiver ; seulement il pleut pendant quelques mois, mais les habitans de ce pays n'ont jamais vu de neige et de glace.

L'Inde est très-fertile en diverses productions utiles ou agréables : on y cueille plusieurs sortes de riz et de blé, des cannes à sucre, du safran, du poivre, de l'indigo qui donne une belle couleur bleue, du coton, et toutes sortes de fruits. L'Indostan est le pays des diamants : ces pierres précieuses se trouvent dans une terre rouge qu'il faut passer dans des cribles et délayer dans de l'eau pour reconnoître les diamants. Ne vous imaginez pas que lorsqu'on les trouve ils sont aussi brillants que ceux que vous avez vus ; ils sont alors couverts d'une vilaine croûte de terre très-dure qui les fait ressembler aux autres pierres : on enlève cette croûte et l'on polit le diamant, mais avec bien de la peine, car c'est une des matières les plus dures qui existent au monde. Quand le diamant est poli, il est brillant et aussi beau que vous le connoissez.

Parmi les animaux des Indes, on remarque des singes de plusieurs espèces, des perroquets, des éléphants, des chameaux, des tigres, des panthères, des paons, des dindons, et des serpents qui ont vingt-cinq à trente pieds de long.

Parmi les végétaux, il faut distinguer le cocotier, le palmier, le bambou et le bananier. Nous aurons un jour beaucoup de plaisir à lire dans l'*Histoire natu-*

relle les articles où l'on a décrit ces beaux arbres.

Les *Hindous* ou Indiens sont des hommes fort doux, sobres, et que la chaleur du climat rend fort indolents. Ce peuple est divisé en quatre grandes *castes*, les *savants*, les *guerriers*, les *marchands* et *cultivateurs*, et les *artisans*. Ces quatre grandes castes se divisent encore en plusieurs autres classes qui marquent les différents degrés où chacun doit se tenir. Celui qui est dans une classe inférieure ne doit jamais espérer de monter dans une classe plus élevée : l'orgueil le repousse ; il faut aussi que le fils fasse le métier qu'a exercé son père.

La religion des Hindous, ou le Brahmisme, est fort ancienne. Les prêtres se nomment Bramines ; ils ne mangent rien de ce qui a eu vie ; c'est-à-dire ni chair ni poisson ; ils vivent de végétaux. Il y a des fanatiques qu'on appelle *fakirs*, qui s'imposent toutes sortes de tourments pour plaire à leurs dieux, et pour exciter la pitié des passants, qui leur font quelques aumônes ; ces malheureux s'enfoncent des

NATURELS DE LA GUIANE.   PERUVIENS.

NATURELS DE LA LOUISIANE.   CANADIENS.

clous dans la chair, ou tiennent leurs bras continuellement élevés, ou se mettent dans quelque autre posture gênante pendant un certain temps.

LA PERSE.

Son antiquité et sa gloire remontent aux premiers siècles dont l'histoire nous donne une idée; elle a toujours été un des plus puissants états de l'Asie. Son gouvernement est monarchique et despotique; c'est-à-dire qu'elle a un roi dont la volonté fait loi.

Les Persans sont mahométans, mais de la secte d'Ali, gendre de Mahomet; ce qui les rend ennemis des Turcs, qui sont de celle d'Omar. Ils ont le teint un peu basané; spirituels et plus amis des sciences que les Turcs, ils sont polis, affables et aiment beaucoup les plaisirs; ils ont horreur du blasphème, et ne prononcent le nom de Dieu qu'avec un grand respect. On coupe la langue à un enfant convaincu d'avoir dit des injures à ses parents; s'il a osé lever la main sur eux, c'est le bras qu'on lui coupe.

Ispahan est la capitale de la Perse, cette ville a plus de sept lieues de tour, et contient près d'un million d'habitants.

L'ARABIE.

L'ARABIE est une grande presqu'île qui se trouve entre la Perse et l'Égypte. Elle se trouve en partie sous la zône torride ; aussi la chaleur y est-elle excessive, et les plaines, qui sont immenses, n'offrent aucun arbre, aucune plante, et sont couvertes de sables arides et brûlants : c'est ce que l'on appelle les déserts.

L'Arabie se divise en trois parties : l'*Arabie pétrée*, l'*Arabie déserte* et l'*Arabie heureuse*. C'est dans l'Arabie déserte que se trouve la Mecque où naquit Mahomet, et Médine où l'on voit son tombeau. Moka, si célèbre par son excellent café, est dans l'Arabie heureuse.

Les Arabes qui habitent les villes sont sédentaires, et se livrent aux arts et aux métiers ; mais les autres, et c'est le plus grand nombre, n'ont point d'habitation fixe, et se réfugient sous des tentes qu'ils dressent dans des lieux qui leur plaisent le plus. Ceux-ci ont des chameaux qui leur servent à transporter tout leur bagage, et des chevaux sur lesquels ils sont presque continuellement montés. Ils vivent au milieu des déserts de sable sans incommodité. Comme ils croiroient, en travaillant, faire une chose indigne d'eux, il sont obligés de voler pour subvenir à leur existence. Ils se réunissent par troupes à cheval, et vont se placer sur le passage des voyageurs; dès qu'ils les aperçoivent, s'ils n'ont rien à en redouter, ils courent sur eux, les dépouillent, et les abandonnent au milieu des déserts. Pour résister à ces voleurs impitoyables, les voyageurs forment ce qu'on appelle des caravanes, c'est-à-dire des troupes nombreuses et armées : c'est la seule manière de voyager que l'on connoisse dans l'Orient.

L'AFRIQUE.

L'Afrique est plus petite que l'Asie et plus grande que l'Europe. C'est une grande presqu'île qui ne tient au continent de l'Asie que par l'isthme de Suez, et n'est séparée de l'Europe que par le détroit de Gibraltar.

Placée sous l'équateur, c'est-à-dire dans une ligne de la terre où l'on a le soleil d'à plomb sur la tête à midi, l'Afrique offre beaucoup de déserts arides, et des hommes qui sont noirs comme du charbon : c'est le pays des Nègres. Cette couleur noire varie : les habitants de la partie baignée par la Méditerranée sont blancs et n'ont qu'une légère teinte brune, effet du climat ; après eux, dans les déserts de Barca et de Sahara, on trouve des hommes à moitié noirs, puis enfin des hommes tout noirs sur les bords du Sénégal. Cette couleur diminue insensiblement en allant vers le cap de Bonne-Espérance ; les Hottentots, qui en sont voisins, ont le teint olivâtre.

C'est aussi dans l'Afrique que se trouvent les bêtes les plus féroces. Dans les déserts, on entend rugir le lion et la panthère ; le rhinocéros et l'éléphant habitent les forêts ; les singes et les ânes sauvages y rendent les routes peu sûres ; les rives du Nil et des autres rivières sont infestées de crocodiles et de serpents : on y trouve aussi

EGYPTIENS. NEGRES DU SÉNÉGAL.

HOTTENTOTS. CAFFRES.

des buffles et des loups. Parmi les oiseaux, on distingue l'autruche, le pélican, l'aigle le paon et les perroquets.

Les principaux pays de l'Afrique sont : l'Égypte, la Barbarie, le Sénégal, la Guinée, le Congo, la Cafrerie, le pays des Hottentots, la Nigritie, l'Abyssinie et la Nubie.

L'ÉGYPTE.

L'ÉGYPTE est le pays le plus célèbre de l'Afrique et l'un des plus anciennement connus. L'Europe étoit encore plongée dans la barbarie, que les Égyptiens jouissoient déjà de tous les avantages de la civilisation ; les magnifiques ruines qui couvrent son sol sont les témoignages de son ancienne splendeur, et ne semblent subsister que pour mieux faire ressortir sa misère actuelle. Parmi ces ruines, il faut remarquer les pyramides, qu'on mettoit au rang des merveilles du monde. On ignore l'époque de leur construction ; elles subsistent peut-être depuis quatre mille ans. Il y en a trois principales : la plus grande est, comme les autres, de figure carrée par sa base, et chaque côté est de cent dix toises. Elle est construite en dehors en forme de degrés. Sa hauteur perpendiculaire est de soixante-dix-sept toises environ. Du bas elle paraît se terminer en pointe, et cependant c'est une plate-forme où trente personnes peuvent tenir. Ces grands monuments ne furent élevés avec tant de peines que pour servir de tombeaux.

Le Caire est la ville capitale de l'Égypte.

Le Nil, qui arrose l'Égypte dans toute sa longueur, est un fleuve très-célèbre par ses inondations annuelles. Ses eaux, en se débordant, portent la fertilité dans toutes les campagnes voisines. Un grand nombre de crocodiles, qui sont de grosses bêtes de la figure d'un lézard, se nourrissent dans ce fleuve.

DÉSERTS.

L'Afrique est la partie du monde qui offre le plus de déserts. Ceux de Barca et de Sahara sont les plus grands : ce sont d'immenses plaines de sable, où les caravanes, c'est-à-dire les troupes de voyageurs, courent souvent le risque d'être ensevelies; car ces sables sont quelquefois soulevés en si grande quantité par des vents impétueux, qu'ils vont retomber au loin et y former des collines.

LE SÉNÉGAL.

Cette côte a pris son nom du fleuve du Sénégal, l'un des plus grands de l'Afrique. Il n'y a que deux saisons dans ce climat, l'été et l'hiver. L'été y est excessivement chaud, et l'hiver n'est qu'un temps de pluie, qui vient rendre à la terre aride, stérile et gercée, de la fraîcheur et de la fécondité : c'est alors que l'on commence à l'ensemencer.

Les habitants de ces contrées brûlantes ont le teint absolument noir, les lèvres très-épaisses, le nez aplati, et les cheveux courts et crépus comme de la laine. Ce sont les Nègres les plus noirs. Ils sont peu civilisés, et vivent dans des huttes mal construites et plus mal meublées.

L'esclavage est commun en Afrique. Le

roi vend ses sujets, et le père ses enfants et quelquefois sa femme.

LES HOTTENTOTS.

On donne le nom de Cap de Bonne-Espérance à cette vaste et longue pointe qui termine l'Afrique et s'avance dans l'Océan indien. Cette contrée est habitée par plusieurs peuples sauvages, presque toutes connues sous le nom général de *Hottentots*, nom qu'ils ne prennent point, mais qu'on leur a donné, parce qu'ils ont presque toujours ce mot à la bouche.

Les Hottentots, quoique bien faits et d'une taille avantageuse, ressemblent parfaitement aux Nègres, nez épaté, lèvres grosses; la couleur seule diffère : ils ne sont pas noirs, mais d'une couleur peut-être plus désagréable. Leur peau a une teinte jaunâtre et paroît enduite d'huile d'olive. Cette couleur ne paroît pas beaucoup leur plaire à eux-mêmes, puisqu'ils prennent à tâche de se frotter le corps avec de la suie et de la graisse pour mieux ressembler aux Nègres. Ils sont robustes, mais le plus grand avantage qu'ils ont reçu de la nature ou de leur manière de vivre, est une légèreté surprenante : une course n'est qu'un trait pour eux. Il est même étonnant, observe-t-on, qu'ils n'en abusent pas plus souvent envers les Européens, qui sont loin d'être aussi bons coureurs. Un d'eux cependant, assez tenté de s'approprier un ballot dont un marchand l'avoit chargé, demanda à celui-ci s'il savoit bien courir. Oui, répondit l'Européen. Eh bien ! voyons, repartit l'Hottentot. Aussitôt il part et disparoît aux yeux du marchand fort surpris, et qui n'a jamais revu l'homme ni le ballot. Ils sont d'ailleurs fidèles, et ont de bonnes qualités ; ils sont humains, hospitaliers, mais fort malpropres : c'est ici le fruit d'une excessive paresse. Leurs ongles des pieds et des mains sont communément fort longs, et peuvent passer pour des griffes. Ces griffes leur sont assez utiles à la chasse, où ils vont quand la faim les force absolument de sortir de leurs cabanes. Mais leur bonheur est à son comble quand, bien fournis de gibier, ils peuvent vivre sans rien faire ; si vous y joignez de quoi s'enivrer, un Hottentot n'imaginera pas qu'il soit possible d'être plus heureux. Ces peuples se nourrissent de la chair et des entrailles de leurs bestiaux, et des animaux qu'ils tuent à la chasse. Les hommes et les femmes mangent séparément. Les deux sexes ont une passion démesurée pour le tabac ; ils en respirent la fumée jusqu'à tomber étourdis et enivrés.

Comme leurs principales richesses consistent en troupeaux de bœufs et de moutons, ils n'ont que des demeures mobiles, qu'ils changent suivant les pâturages ; ces demeures sont des huttes composées de bâtons et de nattes de joncs, de forme ronde, ressemblant à des fours, et ayant treize à quatorze pieds de diamètre. Une case semblable suffit pour loger dix à douze personnes : on n'y peut entrer que par une petite porte haute de trois pieds à peu près. Au milieu de la hutte est un trou qui sert de foyer, et dont la fumée sort par la porte ; ce foyer est environné de trous plus petits qui servent de places pour s'asseoir.

LES CAFRES.

La *Cafrerie* est cette immense région de l'Afrique qui se termine par le cap de Bonne-Espérance. Là-dedans se trouve le pays des Hottentots dont nous venons de parler. Ce nom de *Cafres* vient du mot *kaifer*, qui, en arabe, veut dire *infidèle*. Les Arabes établis sur la côte de Zanguebar ont donné ce nom aux naturels du pays, parce qu'ils ne sont point mahométans comme eux; mais il n'y a aucun peuple qui se donne le nom de *Cafre*, et aucune contrée qui s'appelle *Cafrerie*.

La plupart des peuplades qui errent parmi ces déserts de sable, de compagnie avec les bêtes féroces, sont aussi sauvages que l'homme peut l'être. Leur religion n'est qu'une idolâtrie grossière; quelquefois même ils n'en ont point, et leurs mœurs naissent, pour ainsi dire, des premiers besoins. En général, ils sont noirs ou extrêmement basanés; ils ont le nez écrasé, et les cheveux semblables à de la laine noire. Ils vivent presque nus; ils usent des aliments les plus dégoûtants, quelques-uns même mangent les serpents et les insectes. Leur pauvreté et leur barbarie ont toujours repoussé les autres nations, et l'intérieur de ces pays est encore inconnu.

DE L'AMÉRIQUE.

L'Amérique, qui elle seule est presque aussi grande que les trois autres parties du monde, a été inconnue à toute l'antiquité, et ne nous est connue à nous-mêmes que depuis trois cents ans. C'est *Christophe Colomb*, né à Gênes, qui l'a découverte; il cherchoit une voie plus abrégée à travers l'Océan pour parvenir aux grandes Indes. Il aborda d'abord à Guanahani, une des îles Lucaies, et ensuite à Saint-Domingue, qu'il nomma *Hispaniola*, la petite Espagne. Ce grand événement eut lieu en 1492. Colomb n'eut pas la satisfaction de donner son nom au monde qu'il venoit de découvrir; un aventurier Florentin qui y vint cinq ans après, et qui toucha la terre ferme, obtint cette gloire qu'il n'avoit point méritée. Cet aventurier ayant publié une relation de son voyage, sous le titre de *Relation d'Améric Vespuce* (c'étoit son nom), tout le monde voulut lire la *Relation d'Americ*: on en parla beaucoup, et peu à peu on s'accoutuma à donner le nom d'*Amérique* au monde nouvellement découvert.

En regardant la carte, vous verrez que l'Amérique se divise naturellement en deux parties: l'Amérique septentrionale et l'Amérique méridionale.

Les Européens, charmés des avantages que présentoit le Nouveau-Monde, y coururent en foule, y formèrent des établissements qui se sont rapidement accrus, et qui aujourd'hui sont des états considérables, capables de rivaliser avec les plus anciennes puissances du monde.

Les Européens qui se sont établis en Amérique y sont maintenant plus nombreux que les anciens habitants, qui vivent encore comme des sauvages et sont répandus par hordes dans des déserts immenses.

Ces anciens habitants sont en général paresseux, sans prévoyance, et grands amis du plaisir. On pourroit les regarder comme une race dégénérée. La plupart des hordes ou peuplades sont d'un caractère féroce et dévorent les prisonniers faits à la guerre. On appelle *antropophages* ceux qui mangent les hommes.

L'Amérique septentrionale contient le *Labrador*, pays couvert de glace et de neige une grande partie de l'année, et habité par des peuples peu nombreux et sauvages; le *Canada*, contrée immense appartenant maintenant aux Anglais, et dont l'intérieur est habité par quelques peuplades sauvages, parmi lesquelles on distingue les Iroquois, les Algonquins et les Hurons; les *États-Unis*, anciennes colonies anglaises qui se sont déclarées indépendantes en 1776; la *Floride*, qui appartient aux Espagnols; le *Vieux-Mexique* ou la *Nouvelle-Espagne*, d'où on tire une grande quantité de cacao pour faire du chocolat, de sucre, de tabac, de vanille, de cochenille, d'indigo, de coton, d'or et d'argent; le *Nouveau Mexique*, qui appartient à l'Espagne, et la *Californie*, qui est une grande presqu'île dont les rivages sont fameux par la pêche des perles.

L'Amérique méridionale contient la *Terre-Ferme* ou *Castille-d'or*, appartenant aux Espagnols; la *Guiane*, grand pays situé entre les rivières d'Orénoque et des Amazones; le *pays des Amazones*, vaste désert où l'on trouve de loin en loin quelques peuplades d'Américains ayant conservé leur ancienne liberté et leurs anciennes mœurs; le *Brésil*, renommé par ses bois de teinture; le *Paraguay*, arrosé par la Plata; le *Pérou*, qui appartient à l'Espagne et qui est célèbre par ses mines d'or et d'argent, les plus riches du monde; le *Chili*, aussi sous la domination de l'Espagne, et le *pays des Patagons*, contrée froide, stérile, où l'on trouve des hommes de la taille de six à sept pieds: c'est la race la plus grande et la plus robuste de la terre.

Chiffres Arabes, chiffres Romains.

un	1	I
deux	2	II
trois	3	III
quatre	4	IV
cinq	5	V
six	6	VI
sept	7	VII
huit	8	VIII
neuf	9	IX
dix	10	X
onze	11	XI
douze	12	XII
treize	13	XIII
quatorze	14	XIV
quinze	15	XV
seize	16	XVI
dix-sept	17	XVII
dix-huit	18	XVIII
dix-neuf	19	XIX
vingt	20	XX
trente	30	XXX
quarante	40	XL

Chiffres Arabes, chiffres Romains.

cinquante	50	L
soixante	60	LX
soixante-dix	70	LXX
quatre-vingts	80	LXXX
quatre-vingt-dix	90	XC
cent	100	C
deux cents	200	CC
trois cents	300	CCC
quatre cents	400	CCCC
cinq cents	500	D
six cents	600	DC
sept cents	700	DCC
huit cents	800	DCCC
neuf cents	900	DCCCC
mille	1000	M

FIN.

www.ingramcontent.com/pod-product-compliance
Lightning Source LLC
LaVergne TN
LVHW050620090426
835512LV00008B/1578